2020

Januar

M	D	M	D	F	S	S
		1	2	3	4	5
6	7	8	9	10	11	12
13	14	15	16	17	18	19
20	21	22	23	24	25	26
27	28	29	30	31		

Februar

M	D	M	D	F	S	S
					1	2
3	4	5	6	7	8	9
10	11	12	13	14	15	16
17	18	19	20	21	22	23
24	25	26	27	28	29	

März

M	D	M	D	F	S	S
						1
2	3	4	5	6	7	8
9	10	11	12	13	14	15
16	17	18	19	20	21	22
23	24	25	26	27	28	29
30	31					

April

M	D	M	D	F	S	S
		1	2	3	4	5
6	7	8	9	10	11	12
13	14	15	16	17	18	19
20	21	22	23	24	25	26
27	28	29	30			

Mai

M	D	M	D	F	S	S
				1	2	3
4	5	6	7	8	9	10
11	12	13	14	15	16	17
18	19	20	21	22	23	24
25	26	27	28	29	30	31

Juni

M	D	M	D	F	S	S
1	2	3	4	5	6	7
8	9	10	11	12	13	14
15	16	17	18	19	20	21
22	23	24	25	26	27	28
29	30					

Juli

M	D	M	D	F	S	S
		1	2	3	4	5
6	7	8	9	10	11	12
13	14	15	16	17	18	19
20	21	22	23	24	25	26
27	28	29	30	31		

August

M	D	M	D	F	S	S
					1	2
3	4	5	6	7	8	9
10	11	12	13	14	15	16
17	18	19	20	21	22	23
24	25	26	27	28	29	30
31						

September

M	D	M	D	F	S	S
	1	2	3	4	5	6
7	8	9	10	11	12	13
14	15	16	17	18	19	20
21	22	23	24	25	26	27
28	29	30				

Oktober

M	D	M	D	F	S	S
			1	2	3	4
5	6	7	8	9	10	11
12	13	14	15	16	17	18
19	20	21	22	23	24	25
26	27	28	29	30	31	

November

M	D	M	D	F	S	S
						1
2	3	4	5	6	7	8
9	10	11	12	13	14	15
16	17	18	19	20	21	22
23	24	25	26	27	28	29
30						

Dezember

M	D	M	D	F	S	S
	1	2	3	4	5	6
7	8	9	10	11	12	13
14	15	16	17	18	19	20
21	22	23	24	25	26	27
28	29	30	31			

Januar 2020

Mo	Di	Mi	Do	Fr	Sa	So
30	31	1	2	3	4	5
6	7	8	9	10	11	12
13	14	15	16	17	18	19
20	21	22	23	24	25	26
27	28	29	30	31	1	2

Dezember

Woche 1   30.12.2019 - 05.01.2020

○ 30.12.19 MONTAG

○ 31.12.19 DIENSTAG

○ 01.01.20 MITTWOCH   **NEUJAHR**

○ 02.01.20 DONNERSTAG

○ 03.01.20 FREITAG

○ 04.01.20 SAMSTAG / 05.01.20 SONNTAG

Januar 2020

Mo	Di	Mi	Do	Fr	Sa	So
30	31	1	2	3	4	5
6	7	8	9	10	11	12
13	14	15	16	17	18	19
20	21	22	23	24	25	26
27	28	29	30	31	1	2

Januar

Woche 2　　　　　　　　　　　　06.01.2020 - 12.01.2020

○ 06.01.20 MONTAG

○ 07.01.20 DIENSTAG

○ 08.01.20 MITTWOCH

○ 09.01.20 DONNERSTAG

○ 10.01.20 FREITAG

○ 11.01.20 SAMSTAG / 12.01.20 SONNTAG

Januar 2020

Mo	Di	Mi	Do	Fr	Sa	So
30	31	1	2	3	4	5
6	7	8	9	10	11	12
13	14	15	16	17	18	19
20	21	22	23	24	25	26
27	28	29	30	31	1	2

Januar

Woche 3

13.01.2020 - 19.01.2020

○ 13.01.20 MONTAG

○ 14.01.20 DIENSTAG

○ 15.01.20 MITTWOCH

○ 16.01.20 DONNERSTAG

○ 17.01.20 FREITAG

○ 18.01.20 SAMSTAG / 19.01.20 SONNTAG

Januar 2020

Mo	Di	Mi	Do	Fr	Sa	So
30	31	1	2	3	4	5
6	7	8	9	10	11	12
13	14	15	16	17	18	19
20	21	22	23	24	25	26
27	28	29	30	31	1	2

Januar

Woche 4   20.01.2020 - 26.01.2020

○ 20.01.20 MONTAG

○ 21.01.20 DIENSTAG

○ 22.01.20 MITTWOCH

○ 23.01.20 DONNERSTAG

○ 24.01.20 FREITAG

○ 25.01.20 SAMSTAG / 26.01.20 SONNTAG

Februar 2020

Mo	Di	Mi	Do	Fr	Sa	So
27	28	29	30	31	1	2
3	4	5	6	7	8	9
10	11	12	13	14	15	16
17	18	19	20	21	22	23
24	25	26	27	28	29	1

Januar

Woche 5 27.01.2020 - 02.02.2020

○ 27.01.20 MONTAG

○ 28.01.20 DIENSTAG

○ 29.01.20 MITTWOCH

○ 30.01.20 DONNERSTAG

○ 31.01.20 FREITAG

○ 01.02.20 SAMSTAG / 02.02.20 SONNTAG

Februar 2020

Mo	Di	Mi	Do	Fr	Sa	So
27	28	29	30	31	1	2
3	4	5	6	7	8	9
10	11	12	13	14	15	16
17	18	19	20	21	22	23
24	25	26	27	28	29	1

_____

_____

_____

Februar

Woche 6　　　　　　　　　　　03.02.2020 - 09.02.2020

○ 03.02.20 MONTAG

○ 04.02.20 DIENSTAG

○ 05.02.20 MITTWOCH

○ 06.02.20 DONNERSTAG

○ 07.02.20 FREITAG

○ 08.02.20 SAMSTAG / 09.02.20 SONNTAG

Februar 2020

Mo	Di	Mi	Do	Fr	Sa	So
27	28	29	30	31	1	2
3	4	5	6	7	8	9
10	11	12	13	14	15	16
17	18	19	20	21	22	23
24	25	26	27	28	29	1

Februar

Woche 7   10.02.2020 - 16.02.2020

○ 10.02.20 MONTAG

○ 11.02.20 DIENSTAG

○ 12.02.20 MITTWOCH

○ 13.02.20 DONNERSTAG

○ 14.02.20 FREITAG   **VALENTINSTAG**

○ 15.02.20 SAMSTAG / 16.02.20 SONNTAG

Februar 2020

Mo	Di	Mi	Do	Fr	Sa	So
27	28	29	30	31	1	2
3	4	5	6	7	8	9
10	11	12	13	14	15	16
17	18	19	20	21	22	23
24	25	26	27	28	29	1

Februar

Woche 8							17.02.2020 - 23.02.2020

○ 17.02.20 MONTAG

○ 18.02.20 DIENSTAG

○ 19.02.20 MITTWOCH

○ 20.02.20 DONNERSTAG

○ 21.02.20 FREITAG

○ 22.02.20 SAMSTAG / 23.02.20 SONNTAG

März 2020

Mo	Di	Mi	Do	Fr	Sa	So
24	25	26	27	28	29	1
2	3	4	5	6	7	8
9	10	11	12	13	14	15
16	17	18	19	20	21	22
23	24	25	26	27	28	29
30	31	1	2	3	4	5

Februar

Woche 9   24.02.2020 - 01.03.2020

○ 24.02.20 MONTAG   **ROSENMONTAG**

○ 25.02.20 DIENSTAG   **FASTNACHT**

○ 26.02.20 MITTWOCH   **ASCHERMITTWOCH**

○ 27.02.20 DONNERSTAG

○ 28.02.20 FREITAG

○ 29.02.20 SAMSTAG / 01.03.20 SONNTAG

März 2020

Mo	Di	Mi	Do	Fr	Sa	So
24	25	26	27	28	29	1
2	3	4	5	6	7	8
9	10	11	12	13	14	15
16	17	18	19	20	21	22
23	24	25	26	27	28	29
30	31	1	2	3	4	5

März

Woche 10   02.03.2020 - 08.03.2020

○ 02.03.20 MONTAG

○ 03.03.20 DIENSTAG

○ 04.03.20 MITTWOCH

○ 05.03.20 DONNERSTAG

○ 06.03.20 FREITAG

○ 07.03.20 SAMSTAG / 08.03.20 SONNTAG

März 2020

Mo	Di	Mi	Do	Fr	Sa	So
24	25	26	27	28	29	1
2	3	4	5	6	7	8
9	10	11	12	13	14	15
16	17	18	19	20	21	22
23	24	25	26	27	28	29
30	31	1	2	3	4	5

März

Woche 11   09.03.2020 - 15.03.2020

○ 09.03.20 MONTAG

○ 10.03.20 DIENSTAG

○ 11.03.20 MITTWOCH

○ 12.03.20 DONNERSTAG

○ 13.03.20 FREITAG

○ 14.03.20 SAMSTAG / 15.03.20 SONNTAG

März 2020

Mo	Di	Mi	Do	Fr	Sa	So
24	25	26	27	28	29	1
2	3	4	5	6	7	8
9	10	11	12	13	14	15
16	17	18	19	20	21	22
23	24	25	26	27	28	29
30	31	1	2	3	4	5

März

Woche 12   16.03.2020 - 22.03.2020

○ 16.03.20 MONTAG

○ 17.03.20 DIENSTAG

○ 18.03.20 MITTWOCH

○ 19.03.20 DONNERSTAG

○ 20.03.20 FREITAG

○ 21.03.20 SAMSTAG / 22.03.20 SONNTAG

März 2020

Mo	Di	Mi	Do	Fr	Sa	So
24	25	26	27	28	29	1
2	3	4	5	6	7	8
9	10	11	12	13	14	15
16	17	18	19	20	21	22
23	24	25	26	27	28	29
30	31	1	2	3	4	5

März

Woche 13   23.03.2020 - 29.03.2020

○ 23.03.20 MONTAG

○ 24.03.20 DIENSTAG

○ 25.03.20 MITTWOCH

○ 26.03.20 DONNERSTAG

○ 27.03.20 FREITAG

○ 28.03.20 SAMSTAG / 29.03.20 SONNTAG

April 2020

Mo	Di	Mi	Do	Fr	Sa	So
30	31	1	2	3	4	5
6	7	8	9	10	11	12
13	14	15	16	17	18	19
20	21	22	23	24	25	26
27	28	29	30	1	2	3

März

Woche 14   30.03.2020 - 05.04.2020

○ 30.03.20 MONTAG

○ 31.03.20 DIENSTAG

○ 01.04.20 MITTWOCH

○ 02.04.20 DONNERSTAG

○ 03.04.20 FREITAG

○ 04.04.20 SAMSTAG / 05.04.20 SONNTAG

April 2020

Mo	Di	Mi	Do	Fr	Sa	So
30	31	1	2	3	4	5
6	7	8	9	10	11	12
13	14	15	16	17	18	19
20	21	22	23	24	25	26
27	28	29	30	1	2	3

April

Woche 15   06.04.2020 - 12.04.2020

○ 06.04.20 MONTAG

○ 07.04.20 DIENSTAG

○ 08.04.20 MITTWOCH

○ 09.04.20 DONNERSTAG

○ 10.04.20 FREITAG   **KARFREITAG**

○ 11.04.20 SAMSTAG / 12.04.20 SONNTAG   **OSTERSONNTAG**

April 2020

Mo	Di	Mi	Do	Fr	Sa	So
30	31	1	2	3	4	5
6	7	8	9	10	11	12
13	14	15	16	17	18	19
20	21	22	23	24	25	26
27	28	29	30	1	2	3

April

Woche 16   13.04.2020 - 19.04.2020

○ 13.04.20 MONTAG   **OSTERMONTAG**

○ 14.04.20 DIENSTAG

○ 15.04.20 MITTWOCH

○ 16.04.20 DONNERSTAG

○ 17.04.20 FREITAG

○ 18.04.20 SAMSTAG / 19.04.20 SONNTAG

April 2020

Mo	Di	Mi	Do	Fr	Sa	So
30	31	1	2	3	4	5
6	7	8	9	10	11	12
13	14	15	16	17	18	19
20	21	22	23	24	25	26
27	28	29	30	1	2	3

April

Woche 17   20.04.2020 - 26.04.2020

○ 20.04.20 MONTAG

○ 21.04.20 DIENSTAG

○ 22.04.20 MITTWOCH

○ 23.04.20 DONNERSTAG

○ 24.04.20 FREITAG

○ 25.04.20 SAMSTAG / 26.04.20 SONNTAG

Mai 2020

Mo	Di	Mi	Do	Fr	Sa	So
27	28	29	30	1	2	3
4	5	6	7	8	9	10
11	12	13	14	15	16	17
18	19	20	21	22	23	24
25	26	27	28	29	30	31

April

Woche 18　　　　　　　　27.04.2020 - 03.05.2020

○ 27.04.20 MONTAG

○ 28.04.20 DIENSTAG

○ 29.04.20 MITTWOCH

○ 30.04.20 DONNERSTAG

○ 01.05.20 FREITAG　　**MAIFEIERTAG**

○ 02.05.20 SAMSTAG / 03.05.20 SONNTAG

Mai 2020

Mo	Di	Mi	Do	Fr	Sa	So
27	28	29	30	1	2	3
4	5	6	7	8	9	10
11	12	13	14	15	16	17
18	19	20	21	22	23	24
25	26	27	28	29	30	31

Mai

Woche 19 04.05.2020 - 10.05.2020

○ 04.05.20 MONTAG

○ 05.05.20 DIENSTAG

○ 06.05.20 MITTWOCH

○ 07.05.20 DONNERSTAG

○ 08.05.20 FREITAG

○ 09.05.20 SAMSTAG / 10.05.20 SONNTAG **MUTTERTAG**

Mai 2020

Mo	Di	Mi	Do	Fr	Sa	So
27	28	29	30	1	2	3
4	5	6	7	8	9	10
11	12	13	14	15	16	17
18	19	20	21	22	23	24
25	26	27	28	29	30	31

Mai

Woche 20   11.05.20 - 17.05.20

○ 11.05.20 MONTAG

○ 12.05.20 DIENSTAG

○ 13.05.20 MITTWOCH

○ 14.05.20 DONNERSTAG

○ 15.05.20 FREITAG

○ 16.05.20 SAMSTAG / 17.05.20 SONNTAG

Mai 2020

Mo	Di	Mi	Do	Fr	Sa	So
27	28	29	30	1	2	3
4	5	6	7	8	9	10
11	12	13	14	15	16	17
18	19	20	21	22	23	24
25	26	27	28	29	30	31

Mai

Woche 21 18.05.20 - 24.05.20

○ 18.05.20 MONTAG

○ 19.05.20 DIENSTAG

○ 20.05.20 MITTWOCH

○ 21.05.20 DONNERSTAG **CHRISTI HIMMELFAHRT**

○ 22.05.20 FREITAG

○ 23.05.20 SAMSTAG / 24.05.20 SONNTAG

Juni 2020

Mo	Di	Mi	Do	Fr	Sa	So
1	2	3	4	5	6	7
8	9	10	11	12	13	14
15	16	17	18	19	20	21
22	23	24	25	26	27	28
29	30	1	2	3	4	5

Mai

Woche 22   25.05.2020 - 31.05.2020

○ 25.05.20 MONTAG

○ 26.05.20 DIENSTAG

○ 27.05.20 MITTWOCH

○ 28.05.20 DONNERSTAG

○ 29.05.20 FREITAG

○ 30.05.20 SAMSTAG / 31.05.20 SONNTAG   **PFINGSTSONNTAG**

Juni 2020

Mo	Di	Mi	Do	Fr	Sa	So
1	2	3	4	5	6	7
8	9	10	11	12	13	14
15	16	17	18	19	20	21
22	23	24	25	26	27	28
29	30	1	2	3	4	5

Juni

Woche 23   01.06.2020 - 07.06.2020

○ 01.06.20 MONTAG   **PFINGSTMONTAG**

○ 02.06.20 DIENSTAG

○ 03.06.20 MITTWOCH

○ 04.06.20 DONNERSTAG

○ 05.06.20 FREITAG

○ 06.06.20 SAMSTAG / 07.06.20 SONNTAG

Juni 2020

Mo	Di	Mi	Do	Fr	Sa	So
1	2	3	4	5	6	7
8	9	10	11	12	13	14
15	16	17	18	19	20	21
22	23	24	25	26	27	28
29	30	1	2	3	4	5

_____

_____

_____

Juni

Woche 24   08.06.2020 - 14.06.2020

- ◯ 08.06.20 MONTAG

- ◯ 09.06.20 DIENSTAG

- ◯ 10.06.20 MITTWOCH

- ◯ 11.06.20 DONNERSTAG   **FRONLEICHNAM**

- ◯ 12.06.20 FREITAG

- ◯ 13.06.20 SAMSTAG / 14.06.20 SONNTAG

Juni 2020

Mo	Di	Mi	Do	Fr	Sa	So
1	2	3	4	5	6	7
8	9	10	11	12	13	14
15	16	17	18	19	20	21
22	23	24	25	26	27	28
29	30	1	2	3	4	5

Juni

Woche 25   15.06.2020 - 21.06.2020

○ 15.06.20 MONTAG

○ 16.06.20 DIENSTAG

○ 17.06.20 MITTWOCH

○ 18.06.20 DONNERSTAG

○ 19.06.20 FREITAG

○ 20.06.20 SAMSTAG / 21.06.20 SONNTAG

Juni 2020

Mo	Di	Mi	Do	Fr	Sa	So
1	2	3	4	5	6	7
8	9	10	11	12	13	14
15	16	17	18	19	20	21
22	23	24	25	26	27	28
29	30	1	2	3	4	5

Juni

Woche 26   22.06.2020 - 28.06.2020

○ 22.06.20 MONTAG

○ 23.06.20 DIENSTAG

○ 24.06.20 MITTWOCH

○ 25.06.20 DONNERSTAG

○ 26.06.20 FREITAG

○ 27.06.20 SAMSTAG / 28.06.20 SONNTAG

Juli 2020

Mo	Di	Mi	Do	Fr	Sa	So
29	30	1	2	3	4	5
6	7	8	9	10	11	12
13	14	15	16	17	18	19
20	21	22	23	24	25	26
27	28	29	30	31	1	2

Juni

Woche 27 29.06.2020 - 05.07.2020

○ 29.06.20 MONTAG

○ 30.06.20 DIENSTAG

○ 01.07.20 MITTWOCH

○ 02.07.20 DONNERSTAG

○ 03.07.20 FREITAG

○ 04.07.20 SAMSTAG / 5.07.20 SONNTAG

Juli 2020

Mo	Di	Mi	Do	Fr	Sa	So
29	30	1	2	3	4	5
6	7	8	9	10	11	12
13	14	15	16	17	18	19
20	21	22	23	24	25	26
27	28	29	30	31	1	2

Juli

Woche 28 06.07.2020 - 12.07.2020

○ 06.07.20 MONTAG

○ 07.07.20 DIENSTAG

○ 08.07.20 MITTWOCH

○ 09.07.20 DONNERSTAG

○ 10.07.20 FREITAG

○ 11.07.20 SAMSTAG / 12.07.20 SONNTAG

Juli 2020

Mo	Di	Mi	Do	Fr	Sa	So
29	30	1	2	3	4	5
6	7	8	9	10	11	12
13	14	15	16	17	18	19
20	21	22	23	24	25	26
27	28	29	30	31	1	2

Juli

Woche 29   13.07.2020 - 19.07.2020

○ 13.07.20 MONTAG

○ 14.07.20 DIENSTAG

○ 15.07.20 MITTWOCH

○ 16.07.20 DONNERSTAG

○ 17.07.20 FREITAG

○ 18.07.20 SAMSTAG / 19.07.20 SONNTAG

Juli 2020

Mo	Di	Mi	Do	Fr	Sa	So
29	30	1	2	3	4	5
6	7	8	9	10	11	12
13	14	15	16	17	18	19
20	21	22	23	24	25	26
27	28	29	30	31	1	2

Juli

Woche 30   20.07.2020 - 26.07.2020

- ○ 20.07.20 MONTAG

- ○ 21.07.20 DIENSTAG

- ○ 22.07.20 MITTWOCH

- ○ 23.07.20 DONNERSTAG

- ○ 24.07.20 FREITAG

- ○ 25.07.20 SAMSTAG / 26.07.20 SONNTAG

August 2020

Mo	Di	Mi	Do	Fr	Sa	So
27	28	29	30	31	1	2
3	4	5	6	7	8	9
10	11	12	13	14	15	16
17	18	19	20	21	22	23
24	25	26	27	28	29	30
31	1	2	3	4	5	6

Juli

Woche 31   27.07.2020 - 02.08.2020

○ 27.07.20 MONTAG

○ 28.07.20 DIENSTAG

○ 29.07.20 MITTWOCH

○ 30.07.20 DONNERSTAG

○ 31.07.20 FREITAG

○ 01.08.20 SAMSTAG / 02.08.20 SONNTAG

August 2020

Mo	Di	Mi	Do	Fr	Sa	So
27	28	29	30	31	1	2
3	4	5	6	7	8	9
10	11	12	13	14	15	16
17	18	19	20	21	22	23
24	25	26	27	28	29	30
31	1	2	3	4	5	6

August

Woche 32   03.08.2020 - 09.08.2020

○ 03.08.20 MONTAG

○ 04.08.20 DIENSTAG

○ 05.08.20 MITTWOCH

○ 06.08.20 DONNERSTAG

○ 07.08.20 FREITAG

○ 08.08.20 SAMSTAG / 09.08.20 SONNTAG

August 2020

Mo	Di	Mi	Do	Fr	Sa	So
27	28	29	30	31	1	2
3	4	5	6	7	8	9
10	11	12	13	14	15	16
17	18	19	20	21	22	23
24	25	26	27	28	29	30
31	1	2	3	4	5	6

August

Woche 33   10.08.2020 - 16.08.2020

○ 10.08.20 MONTAG

○ 11.08.20 DIENSTAG

○ 12.08.20 MITTWOCH

○ 13.08.20 DONNERSTAG

○ 14.08.20 FREITAG

○ 15.08.20 SAMSTAG / 16.08.20 SONNTAG

August 2020

Mo	Di	Mi	Do	Fr	Sa	So
27	28	29	30	31	1	2
3	4	5	6	7	8	9
10	11	12	13	14	15	16
17	18	19	20	21	22	23
24	25	26	27	28	29	30
31	1	2	3	4	5	6

August

Woche 34   17.08.2020 - 23.08.2020

○ 17.08.20 MONTAG

○ 18.08.20 DIENSTAG

○ 19.08.20 MITTWOCH

○ 20.08.20 DONNERSTAG

○ 21.08.20 FREITAG

○ 22.08.20 SAMSTAG / 23.08.20 SONNTAG

August 2020

Mo	Di	Mi	Do	Fr	Sa	So
27	28	29	30	31	1	2
3	4	5	6	7	8	9
10	11	12	13	14	15	16
17	18	19	20	21	22	23
24	25	26	27	28	29	30
31	1	2	3	4	5	6

August

Woche 35   24.08.2020 - 30.08.2020

○ 24.08.20 MONTAG

○ 25.08.20 DIENSTAG

○ 26.08.20 MITTWOCH

○ 27.08.20 DONNERSTAG

○ 28.08.20 FREITAG

○ 29.08.20 SAMSTAG / 30.08.20 SONNTAG

September 2020

Mo	Di	Mi	Do	Fr	Sa	So
31	1	2	3	4	5	6
7	8	9	10	11	12	13
14	15	16	17	18	19	20
21	22	23	24	25	26	27
28	29	30	1	2	3	4

August

Woche 36   31.08.2020 - 06.09.2020

○ 31.08.20 MONTAG

○ 01.09.20 DIENSTAG

○ 02.09.20 MITTWOCH

○ 03.09.20 DONNERSTAG

○ 04.09.20 FREITAG

○ 05.09.20 SAMSTAG / 06.09.20 SONNTAG

September 2020

Mo	Di	Mi	Do	Fr	Sa	So
31	1	2	3	4	5	6
7	8	9	10	11	12	13
14	15	16	17	18	19	20
21	22	23	24	25	26	27
28	29	30	1	2	3	4

September

Woche 37   07.09.2020 - 13.09.2020

○ 07.09.20 MONTAG

○ 08.09.20 DIENSTAG

○ 09.09.20 MITTWOCH

○ 10.09.20 DONNERSTAG

○ 11.09.20 FREITAG

○ 12.09.20 SAMSTAG / 13.09.20 SONNTAG

September 2020

Mo	Di	Mi	Do	Fr	Sa	So
31	1	2	3	4	5	6
7	8	9	10	11	12	13
14	15	16	17	18	19	20
21	22	23	24	25	26	27
28	29	30	1	2	3	4

September

Woche 38　　　　　　　　　　14.09.2020 - 20.09.2020

○ 14.09.20 MONTAG

○ 15.09.20 DIENSTAG

○ 16.09.20 MITTWOCH

○ 17.09.20 DONNERSTAG

○ 18.09.20 FREITAG

○ 19.09.20 SAMSTAG / 20.09.20 SONNTAG

September 2020

Mo	Di	Mi	Do	Fr	Sa	So
31	1	2	3	4	5	6
7	8	9	10	11	12	13
14	15	16	17	18	19	20
21	22	23	24	25	26	27
28	29	30	1	2	3	4

September

Woche 39 21.09.2020 - 27.09.2020

○ 21.09.20 MONTAG

○ 22.09.20 DIENSTAG

○ 23.09.20 MITTWOCH

○ 24.09.20 DONNERSTAG

○ 25.09.20 FREITAG

○ 26.09.20 SAMSTAG / 27.09.20 SONNTAG

Oktober 2020

Mo	Di	Mi	Do	Fr	Sa	So
28	29	30	1	2	3	4
5	6	7	8	9	10	11
12	13	14	15	16	17	18
19	20	21	22	23	24	25
26	27	28	29	30	31	1

September

Woche 40　　　　　　　　　　28.09.2020 - 04.10.2020

○ 28.09.20 MONTAG

○ 29.09.20 DIENSTAG

○ 30.09.20 MITTWOCH

○ 01.10.20 DONNERSTAG

○ 02.10.20 FREITAG

○ 03.10.20 SAMSTAG **TAG DER DT. EINHEIT** / 04.10.20 SONNTAG

Oktober 2020

Mo	Di	Mi	Do	Fr	Sa	So
28	29	30	1	2	3	4
5	6	7	8	9	10	11
12	13	14	15	16	17	18
19	20	21	22	23	24	25
26	27	28	29	30	31	1

Oktober

Woche 41   05.10.2020 - 11.10.2020

○ 05.10.20 MONTAG

○ 06.10.20 DIENSTAG

○ 07.10.20 MITTWOCH

○ 08.10.20 DONNERSTAG

○ 09.10.20 FREITAG

○ 10.10.20 SAMSTAG / 11.10.20 SONNTAG

Oktober 2020

Mo	Di	Mi	Do	Fr	Sa	So
28	29	30	1	2	3	4
5	6	7	8	9	10	11
12	13	14	15	16	17	18
19	20	21	22	23	24	25
26	27	28	29	30	31	1

Oktober

Woche 42   12.10.2020 - 18.10.2020

- ○ 12.10.20 MONTAG

- ○ 13.10.20 DIENSTAG

- ○ 14.10.20 MITTWOCH

- ○ 15.10.20 DONNERSTAG

- ○ 16.10.20 FREITAG

- ○ 17.10.20 SAMSTAG / 18.10.20 SONNTAG

Oktober 2020

Mo	Di	Mi	Do	Fr	Sa	So
28	29	30	1	2	3	4
5	6	7	8	9	10	11
12	13	14	15	16	17	18
19	20	21	22	23	24	25
26	27	28	29	30	31	1

Oktober

Woche 43 19.10.2020 - 25.10.2020

○ 19.10.20 MONTAG

○ 20.10.20 DIENSTAG

○ 21.10.20 MITTWOCH

○ 22.10.20 DONNERSTAG

○ 23.10.20 FREITAG

○ 24.10.20 SAMSTAG / 25.10.20 SONNTAG

November 2020

Mo	Di	Mi	Do	Fr	Sa	So
26	27	28	29	30	31	1
2	3	4	5	6	7	8
9	10	11	12	13	14	15
16	17	18	19	20	21	22
23	24	25	26	27	28	29
30	1	2	3	4	5	6

Oktober

Woche 44   26.10.2020 - 01.11.2020

○ 26.10.20 MONTAG

○ 27.10.20 DIENSTAG

○ 28.10.20 MITTWOCH

○ 29.10.20 DONNERSTAG

○ 30.10.20 FREITAG

○ 31.10.20 SAMSTAG / 01.11.20 SONNTAG **ALLERHEILIGEN**

November 2020

Mo	Di	Mi	Do	Fr	Sa	So
26	27	28	29	30	31	1
2	3	4	5	6	7	8
9	10	11	12	13	14	15
16	17	18	19	20	21	22
23	24	25	26	27	28	29
30	1	2	3	4	5	6

November

Woche 45　　　　　　　　　　　02.11.2020 - 08.11.2020

○ 02.11.20 MONTAG

○ 03.11.20 DIENSTAG

○ 04.11.20 MITTWOCH

○ 05.11.20 DONNERSTAG

○ 06.11.20 FREITAG

○ 07.11.20 SAMSTAG / 08.11.20 SONNTAG

November 2020

Mo	Di	Mi	Do	Fr	Sa	So
26	27	28	29	30	31	1
2	3	4	5	6	7	8
9	10	11	12	13	14	15
16	17	18	19	20	21	22
23	24	25	26	27	28	29
30	1	2	3	4	5	6

November

Woche 46

09.11.2020 - 15.11.2020

○ 09.11.20 MONTAG

○ 10.11.20 DIENSTAG

○ 11.11.20 MITTWOCH

○ 12.11.20 DONNERSTAG

○ 13.11.20 FREITAG

○ 14.11.20 SAMSTAG / 15.11.20 SONNTAG

November 2020

Mo	Di	Mi	Do	Fr	Sa	So
26	27	28	29	30	31	1
2	3	4	5	6	7	8
9	10	11	12	13	14	15
16	17	18	19	20	21	22
23	24	25	26	27	28	29
30	1	2	3	4	5	6

November

Woche 47   16.11.2020 - 22.11.2020

○ 16.11.20 MONTAG

○ 17.11.20 DIENSTAG

○ 18.11.20 MITTWOCH   **BUß- UND BETTAG**

○ 19.11.20 DONNERSTAG

○ 20.11.20 FREITAG

○ 21.11.20 SAMSTAG / 22.11.20 SONNTAG

November 2020

Mo	Di	Mi	Do	Fr	Sa	So
26	27	28	29	30	31	1
2	3	4	5	6	7	8
9	10	11	12	13	14	15
16	17	18	19	20	21	22
23	24	25	26	27	28	29
30	1	2	3	4	5	6

November

Woche 48   23.11.2020 - 29.11.2020

○ 23.11.20 MONTAG

○ 24.11.20 DIENSTAG

○ 25.11.20 MITTWOCH

○ 26.11.20 DONNERSTAG

○ 27.11.20 FREITAG

○ 28.11.20 SAMSTAG / 29.11.20 SONNTAG   **1. ADVENT**

Dezember 2020

Mo	Di	Mi	Do	Fr	Sa	So
30	1	2	3	4	5	6
7	8	9	10	11	12	13
14	15	16	17	18	19	20
21	22	23	24	25	26	27
28	29	30	31	1	2	3

November

Woche 49 · 30.11.2020 - 06.12.2020

○ 30.11.20 MONTAG

○ 01.12.20 DIENSTAG

○ 02.12.20 MITTWOCH

○ 03.12.20 DONNERSTAG

○ 04.12.20 FREITAG

○ 05.12.20 SAMSTAG / 06.12.20 SONNTAG · **2. ADVENT NIKOLAUS**

Dezember 2020

Mo	Di	Mi	Do	Fr	Sa	So
30	1	2	3	4	5	6
7	8	9	10	11	12	13
14	15	16	17	18	19	20
21	22	23	24	25	26	27
28	29	30	31	1	2	3

Dezember

Woche 50　　　　　　　　07.12.2020 - 13.12.2020

○ 07.12.20 MONTAG

○ 08.12.20 DIENSTAG

○ 09.12.20 MITTWOCH

○ 10.12.20 DONNERSTAG

○ 11.12.20 FREITAG

○ 12.12.20 SAMSTAG / 13.12.20 SONNTAG　　**3. ADVENT**

Dezember 2020

Mo	Di	Mi	Do	Fr	Sa	So
30	1	2	3	4	5	6
7	8	9	10	11	12	13
14	15	16	17	18	19	20
21	22	23	24	25	26	27
28	29	30	31	1	2	3

Dezember

Woche 52 21.12.2020 - 27.12.2020

○ 21.12.20 MONTAG

○ 22.12.20 DIENSTAG

○ 23.12.20 MITTWOCH

○ 24.12.20 DONNERSTAG **HEILIGABEND**

○ 25.12.20 FREITAG **1. WEIHNACHTSFEIERTAG**

○ 26.12.20 SAMSTAG **2. WEIHNACHTSFEIERTAG** / 27.12.20 SONNTAG

Dezember 2020

Mo	Di	Mi	Do	Fr	Sa	So
30	1	2	3	4	5	6
7	8	9	10	11	12	13
14	15	16	17	18	19	20
21	22	23	24	25	26	27
28	29	30	31	1	2	3

Dezember

Woche 51   14.12.2020 - 20.12.2020

- ○ 14.12.20 MONTAG

- ○ 15.12.20 DIENSTAG

- ○ 16.12.20 MITTWOCH

- ○ 17.12.20 DONNERSTAG

- ○ 18.12.20 FREITAG

- ○ 19.12.20 SAMSTAG / 20.12.20 SONNTAG   **4. ADVENT**

Dezember 2020

Mo	Di	Mi	Do	Fr	Sa	So
30	1	2	3	4	5	6
7	8	9	10	11	12	13
14	15	16	17	18	19	20
21	22	23	24	25	26	27
28	29	30	31	1	2	3

Dezember

Woche 53   28.12.2020 - 03.01.21

○ 28.12.20 MONTAG

○ 29.12.20 DIENSTAG

○ 30.12.20 MITTWOCH

○ 31.12.20 DONNERSTAG   **SILVESTER**

○ 01.01.21 FREITAG

○ 02.01.21 SAMSTAG / 03.01.21 SONNTAG

© / Copyright 2019
Elke Jänsch-Dilger
1. Auflage
Alle Rechte vorbehalten
Nachdruck, auch auszugsweise, verboten.
Kein Teil dieses Werkes darf ohne schriftlich Genehmigung des Autors
in irgendeiner Form reproduziert, vervielfältigt oder verbreitet werden.
Kontakt:
Elke Jänsch-Dilger
Talstraße 123 a
79286 Glottertal, Deutschland
elke.dilger@googlemail.com
Covergestaltung: Elke Jänsch-Dilger

www.ingramcontent.com/pod-product-compliance
Lightning Source LLC
Chambersburg PA
CBHW070658220526
45466CB00001B/493